BIBLIOTHEQUE MORALE

DE

LA JEUNESSE

PUBLIÉE

AVEC APPROBATION

SAINT NICAISE.

VIE

DE

SAINT NICAISE

APÔTRE DE NEUSTRIE

ROUEN

MÉGARD ET Cᵉ, LIBRAIRES-ÉDITEURS

1863

AVIS DES ÉDITEURS.

Les Éditeurs de la **Bibliothèque morale de la Jeunesse** ont pris tout à fait au sérieux le titre qu'ils ont choisi pour le donner à cette collection de bons livres. Ils regardent comme une obligation rigoureuse de ne rien négliger pour le justifier dans toute sa signification et toute son étendue.

Aucun livre ne sortira de leurs presses, pour entrer dans cette collection, qu'il n'ait été au préalable lu et examiné attentivement, non-seulement par les Éditeurs, mais encore par les personnes les plus compétentes et les plus éclairées. Pour cet examen, ils auront recours particulièrement à des Ecclésiastiques. C'est à eux, avant tout, qu'est confié le salut de l'Enfance, et, plus que qui que ce soit, ils sont capables de découvrir ce qui, le moins du monde, pourrait offrir quelque danger dans les publications destinées spécialement à la Jeunesse chrétienne.

Aussi tous les Ouvrages composant la **Bibliothèque morale de la Jeunesse** sont-ils revus et approuvés par un Comité d'Ecclésiastiques nommé à cet effet par Monseigneur l'Archevêque de Rouen. C'est assez dire que les écoles et les familles chrétiennes trouveront dans notre collection toutes les garanties désirables, et que nous ferons tout pour justifier et accroître la confiance dont elle est déjà l'objet.

VIE DE SAINT NICAISE.

La ville de Rouen, en latin *Rothomagus*, est très-ancienne et très-célèbre dans l'histoire. Elle fut longtemps appelée, sous les Romains, seconde Lyonnaise. Après la conquête des Gaules par César, ce pays fut partagé en quatre parties : la Gaule Narbonnaise, la Gaule d'Aquitaine, la Gaule Celtique ou Lyonnaise et la Gaule Belgique. Chacune de ces quatre parties était divisée en provinces, et chaque province avait sa métropole. Or, il y avait dans la Gaule Celtique quatre provinces, appelées Lyonnaises. La première Lyonnaise comprenait cinq villes, dont la métropole était Lyon ; la seconde Lyonnaise, qui plus tard fut connue sous le nom de Neustrie, et ensuite de Normandie, était composée de sept villes, et avait Rouen pour métropole; la troisième Lyonnaise, dont la métropole était Tours, se composait de neuf villes; et enfin, la quatrième Lyonnaise embrassait sept villes, et Sens était sa métropole.

L'empereur Constantin conserva cette division de la Gaule en provinces, telle qu'elle avait été établie sous César et l'empereur Auguste. Et les apôtres, ainsi que leurs successeurs, afin de rendre plus facile le gouvernement de l'Église, suivirent le même ordre dans l'établissement des diocèses et des siéges épiscopaux; de sorte qu'ils érigèrent en Églises métropoles les mêmes villes qui avaient reçu cette dignité des puissances séculières. Voilà pourquoi la ville de Rouen fut regardée, dès le berceau du christianisme, comme un siége métropolitain.

Mais quel fut le premier apôtre de ce diocèse et le premier évêque de cette ville? Tous s'accordent à reconnaître saint Nicaise comme le premier apôtre de la Neustrie; et si quelques auteurs regardent seulement saint Mellon, qui fut élevé cent cinquante ans plus tard sur le siége de Rouen, comme le premier évêque de cette ville, on peut dire que le plus grand nombre est unanime pour reconnaître saint Nicaise comme le fondateur et le premier pontife de ce siége métropolitain.

C'est, d'ailleurs, ce que nous apprennent les archives de la cathédrale de Rouen, les légendes des anciens bréviaires, les martyrologes ; en un mot, toute la tradition de l'Église de Rouen.

Ils nous disent que saint Nicaise fut ordonné prêtre par le pape saint Clément, et envoyé dans les Gaules, en compagnie de saint Denis, pour y prêcher l'Évangile ; que le souverain pontife le chargea spécialement d'annoncer la parole de Dieu sur le territoire de Rouen ; qu'il prit ainsi possession de son siége, en prêchant dans le Vexin français, où il versa son sang pour Jésus-Christ ; et que c'est à juste titre que la ville de Rouen le vénère comme son premier pasteur, bien qu'il n'ait jamais pénétré jusque-là.

Quelques historiens prétendent que saint Nicaise était originaire d'Athènes. Son nom d'ailleurs indique son origine grecque, et signifie vainqueur ou victorieux.

Nous ne possédons malheureusement aucuns renseignements sur les parents et les premières années de notre saint. Il nous est seulement permis de croire que saint Nicaise était idolâtre, ainsi que son père et sa mère; et de vieux manuscrits, trouvés dans son église de Meulan, attestent qu'il fut converti avec le grand saint Denis par le savant discours que fit l'apôtre saint Paul devant l'Aréopage. Il est encore vraisemblable qu'il s'employa depuis, pendant plusieurs années, aussi bien que saint Denis, à prêcher l'Évangile, non-seulement aux environs d'Athènes, mais aussi dans beaucoup d'autres provinces de Grèce et d'Asie.

Mais ce qu'il y a de plus certain, touchant la vie de ce bienheureux prédicateur de la foi, c'est qu'il se rencontra à Rome avec le divin Aréopagite, lorsque le pape saint Clément, qui avait succédé au pape saint Anaclet, sous les empereurs romains Domitien et Nerva, forma une compagnie de saints missionnaires pour la conquête des Gaules. Denis en fut le chef, et saint Nicaise s'estima très-heureux de marcher sous l'étendard d'un capitaine si sage et si rempli de l'esprit de Dieu. Tous les actes et toutes les tables ecclésiastiques de France nous apprennent, en effet, qu'il vint avec saint Denis jusqu'à Paris, qu'il y demeura quelque temps, le secondant dans ses travaux apostoliques, et lui prêtant son concours dans le ministère de la parole de Dieu, et qu'ensuite il se dirigea vers la ville de Rouen, par les bords de la Seine; soit que le pape saint Clément l'eût lui-même destiné pour la seconde Lyonnaise, province appelée depuis Neustrie et Normandie, comme il a été dit ci-dessus; soit que saint Denis lui ait déterminé ce ressort, par l'autorité qu'il en avait reçue du chef visible de l'Église.

Rouen, ainsi que le montre le texte latin, était déjà fort célèbre par la commodité de son port, le grand nombre de ses habitants, l'étendue et l'opulence de son commerce. Il n'y aurait donc rien d'étonnant que saint Nicaise eût été choisi pour être le premier pasteur de cette capitale.

Il prit avec lui un jeune prêtre, appelé Quirin, et un diacre, nommé Scubicule, dont on ne connaît pas bien le pays ni l'extraction, mais que l'on doit regarder comme les prémices du clergé de Rouen, et qui ont été canonisés avec notre saint, tant ils étaient animés du même zèle pour le salut des infidèles ; il traversa avec ces deux fidèles disciples la rivière d'Oise, sur laquelle César, lors de la conquête des Gaules, avait fait jeter un pont, dont on vit longtemps les restes, non loin de l'ancienne abbaye de Saint-Martin et du château du Vexin, qui formait dès lors, d'après la propre division des Romains, les limites du territoire de Rouen. Aussitôt qu'il eut pénétré dans la contrée qui lui avait été désignée pour y annoncer la bonne nouvelle du salut, il commença à prêcher la vérité et le pouvoir infini d'un seul Dieu en trois personnes, montrant en même temps la fausseté et la faiblesse des idoles.

Ses premières stations furent à Conflans-Sainte-Honorine, à Landrecies et à Triel, où il ne fit que très-peu de conversions; car les habitants du pays, entendant ses prédications, se montraient surpris et étonnés de la nouveauté de ses discours, et plus encore du genre de vie austère que menaient saint Nicaise et ses compagnons; mais ils n'en persévéraient pas moins dans leur idolâtrie. Ils admiraient, à la vérité, sa sagesse, ses vertus, la profondeur et la sublimité de ses enseignements; mais ils ne se convertissaient pas. Saint Nicaise, sans se décourager, se rendit au village de Vaux, à trois lieues environ de Pontoise, pays situé sur les bords de la Seine, entre Poissy et Meulan, et, voyant que ses prédications continuaient à n'obtenir que de très-faibles succès, il résolut, plein de confiance en celui qui l'avait choisi pour être le prédicateur de son Évangile, de prendre par l'intérêt les habitants de cette contrée. Afin donc de gagner leurs cœurs et de convaincre parfaitement les esprits de la divinité de sa mission, il fit, avec l'aide de Dieu, en leur faveur, une action aussi utile et nécessaire qu'éclatante et miraculeuse. Ce prodige est raconté avec une simplicité charmante dans l'*Histoire des archevêques de Rouen*, faite par un bénédictin de la congrégation de Saint-Maur. Nous lui emprunterons donc en entier le récit aussi intéressant que naïf de cette merveilleuse légende.

Il y avait, au village de Vaüx, entre Poissy et Meulan, une fontaine qui était extrêmement commode aux villageois, tant pour leur usage que pour le besoin de leurs troupeaux ; mais, depuis quelque temps, l'accès leur en était interdit par la cruauté d'un horrible serpent, qui s'était mis en possession de cette fontaine et y avait établi son repaire. Le texte latin assure que c'était l'ennemi du genre humain qui avait suscité ce monstre pour persécuter et exterminer les habitants du pays. Quoi qu'il en soit, il est certain que le dragon, soit qu'il eût été formé par la malice du démon, ou qu'il ait été produit par des causes naturelles, jetait la terreur et l'effroi dans tout le pays. Il infectait et corrompait l'air par son haleine pestilentielle, étant ainsi cause de la stérilité des arbres et de la maladie des hommes. Il parcourait aussi la campagne, et de quelque côté qu'il se dirigeât, il enlevait toujours quelque proie. Il n'y avait pas de famille qui n'eût à regretter quelqu'un des siens, qui avait servi de victime à la rage de cette bête dévorante ; mais Dieu, qui ne permettait cette désolation que pour en tirer un plus grand bien, conduisit fort à propos saint Nicaise dans ce village, pour en être le libérateur, et pour mettre fin aux maux que souffraient ces habitants, non-seulement de la part de ce serpent visible, mais surtout de celle du serpent invisible et beaucoup plus pernicieux dont celui-ci n'était que l'ombre et la figure.

Quelques villageois allèrent donc à la rencontre de notre saint, lui firent une description affreuse des désordres que faisait tous les jours ce dragon ; et comme plusieurs de ces villageois avaient entendu ce saint apôtre faire les plus grands éloges de la toute-puissance et de la bonté infinie du Dieu dont il était le ministre ; ils lui demandèrent que ce Dieu fît paraître en leur faveur les hautes qualités que Nicaise lui attribuait, en les délivrant de ce monstre, et qu'en reconnaissance d'un si insigne bienfait, ils abandonneraient le culte de leurs idoles et s'assujettiraient à son empire. Le saint fut ravi de les voir dans cette disposition ; il en rendit grâce au Seigneur, et, après avoir imploré son assistance par une courte mais fervente prière, il se prépara à l'attaque de ce furieux ennemi. Il voulut le vaincre d'une manière pompeuse et éclatante, et triompher de sa rage, avant que de l'exterminer, afin que sa défaite fît plus d'impression sur les esprits et contribuât davantage à l'établissement de l'Évangile. Dans cette pensée, il commanda à saint Quirin d'aborder le serpent, de le saisir et de le lui amener. Ce saint prêtre, aussi obéissant que courageux, prit une étole, s'arma du signe de la croix, pénétra dans la caverne du dragon; l'animal, devenu furieux, ouvrait la gueule, tournait vers lui des yeux étincelants, et semblait le vouloir engloutir; mais l'intrépide confesseur ne s'en étonna aucunement. Il lui passa son étole autour du cou, l'attira hors de son repaire, et le fit venir devant saint Nicaise, aussi tremblant et aussi abattu qu'un criminel devant son juge.

Ceux qui se tenaient près du saint comprimèrent leur frayeur, à la vue du calme et de la sérénité qui régnait sur le front de l'homme de Dieu; et si quelques-uns eurent

la pensée de prendre la fuite à l'approche
du dragon, ils ne tardèrent pas à venir re-
joindre leurs compagnons; car la légende
atteste que saint Nicaise voulut mettre à
profit le triomphe qu'il venait de remporter
sur cet ennemi public; et que, voyant près
de lui un grand nombre des habitants du
pays, il leur fit une courte remontrance,
leur disant qu'outre ce monstre qui dévo-
rait leurs corps, il y en avait un autre bien
plus cruel qui tourmentait leurs âmes.
« Mais, de même que le signe de la croix
allait suffire pour les délivrer de ce premier
ennemi, de même, ajoutait-il, il ne tien-
dra qu'à vous de briser les chaînes dont se
sert votre ennemi invisible pour vous tenir
dans sa dépendance; il vous suffira, pour
cela, de vous munir des mêmes armes, et
de vous enrôler dans la sainte milice de
Notre Seigneur Jésus-Christ. »

A peine saint Nicaise eut-il prononcé ces
paroles, qu'il forma sur le monstre un
grand signe de croix; par cette seule attaque, il le mit en pièces, et fit disparaître
aux yeux de l'assemblée tous les membres
de cette horrible cadavre, ne voulant pas

qu'ils demeurassent dans le village, dans la crainte qu'ils ne vinssent à corrompre l'air et à occasionner ainsi dans le pays beaucoup de maladies.

Tous ceux qui avaient été témoins de ce miracle furent d'abord frappés d'étonnement et de crainte, puis leur frayeur se changea bientôt en des sentiments de joie et de reconnaissance envers le saint qui avait ménagé cette victoire, afin d'en recueillir des fruits spirituels.

Aussi ce zélé missionnaire parla-t-il plus fortement que jamais des grandeurs et de la puissance infinie de Jésus-Christ, déclarant que ce divin Maître était l'unique auteur de ce miracle. Il exhorta donc les habitants qui lui avaient promis de se convertir d'accomplir au plus tôt leur promesse. Après les avoir parfaitement convaincus, il employa encore quelques jours à leur apprendre les premiers principes de la foi catholique ; et aussitôt qu'il les eut jugés suffisamment instruits, il leur donna le baptême, en les plongeant dans les eaux de cette fontaine qu'il leur avait rendue. Cette pieuse cérémonie la sanctifia, et à partir de ce jour elle porta longtemps le titre glorieux de passage ou de fontaine de Saint-Nicaise. Aujourd'hui encore on aperçoit une chapelle en l'honneur de notre saint, laquelle est très-célèbre par le pèlerinage qui chaque année y amène un grand concours de peuples. Ils viennent en procession des villages voisins remercier le saint de sa protection et l'honorer comme leur premier apôtre.

Après la victoire éclatante remportée par saint Nicaise sur le dragon, et la conversion d'une grande partie des habitants du pays de Vaux, l'illustre missionnaire continua son œuvre apostolique en descendant la rivière ; et bientôt les lieux voisins eurent part à la grâce qui leur était offerte. Les habitants de Meulan, de Mantes et de Monceaux, commencèrent dès ce temps à ouvrir les yeux à la lumière de l'Évangile.

On se rappelle que pendant la vie publique de Notre Seigneur Jésus-Christ et pendant les premiers siècles du christianisme, le démon, irrité de voir què, par la publication de l'Évangile, son règne allait être détruit et sa puissance anéantie, voulut, en redoublant d'efforts et d'artifices, assurer son empire sur la terre; de là le concours qu'il prêtait aux fausses divinités, pour séduire et captiver les peuples idolâtres; de là le grand nombre de possédés que nous voyons au temps des apôtres et de leurs premiers successeurs; mais de là aussi les victoires éclatantes que les vrais serviteurs de Dieu remportèrent, aux premiers siècles de l'Église, sur l'esprit de ténèbres et sur l'ennemi du genre humain. Or, ce pouvoir absolu sur les démons que les apôtres exerçaient au nom de Jésus-Christ, saint Nicaise l'avait pareillement reçu du Sauveur, et l'événement que nous allons raconter en est une preuve remarquable.

Le démon s'était emparé d'une vieille caverne taillée dans le roc qui borde la rivière, près de Monceaux.

De là, dit la légende, comme d'un fort où il s'était cantonné, il faisait mille maux aux habitants d'alentour; il effrayait les pauvres voyageurs par des hurlements affreux au milieu de la nuit; il apparaissait aux bateliers sous d'horribles spectres; il excitait les vents et les tempêtes pour submerger les bateaux ; enfin il exerçait toutes les violences que sa souveraine malice lui pouvait suggérer.

Saint Nicaise, apprenant les maux effroyables que le démon faisait aux passants, tant sur la terre que sur la rivière, et sachant qu'il y allait de la gloire de Dieu et du succès de l'Évangile, s'il triomphait de cet ennemi commun du genre humain, résolut de le chasser de ce poste redoutable. Aidé de ses compagnons, Quirin et Scubicule, il demande au ciel son assistance par de longues et ferventes prières. Remplis de l'Esprit de Dieu, tous trois avancent jusqu'à l'entrée de la grotte. Nicaise commence l'exorcisme ; il commande à Satan au nom de l'adorable trinité, et en vertu de la puissance de Jésus-Christ, de sortir promptement de la caverne et de retourner dans les profondeurs de l'abîme. L'ordre est exécuté. Le démon impuissant ne peut lutter contre les prières du saint, qui lui ferme l'ouverture de la caverne. Il s'échappe donc de la carrière en poussant des cris effroyables, et laisse un monument éternel de sa défaite, en faisant une brèche dans le roc, au moment où il retourne dans les enfers.

Le bruit de ce miracle se répandit aussitôt dans tout le pays d'alentour, en sorte que non-seulement ceux qui avaient été témoins du prodige, mais même ceux qui en entendirent parler, quittèrent le paganisme pour embrasser la nouvelle religion.

Cependant, comme ce pays n'était pas le terme de la mission de nos bienheureux voyageurs, ils allèrent plus loin, et descendirent, en côtoyant toujours les bords de la Seine, afin de se rendre plus tôt à Rouen. Lorsqu'ils furent arrivés à la Roche-Guyon, ils prêchèrent avec tant d'efficacité en présence de Pience, la dame du lieu, qu'elle se convertit et voulut être régénérée dans les fonts salutaires du baptême. Ses domestiques imitèrent son exemple et embrassèrent avec le baptême le christianisme. Par ce moyen, le château de Pience fût ouvert à saint Nicaise comme à un ange du ciel. Il y trouva un prêtre des idoles, nommé Clair, déjà fort âgé, et qui avait perdu la vue. Il le guérit et le catéchisa, puis, lui ayant fait toucher au doigt son aveuglement spirituel, encore plus déplorable que son aveuglement corporel, il le porta à embrasser le christianisme.

Plusieurs païens imitèrent ce vieux pontife, et nos saints prédicateurs eurent la consolation d'y laisser de très-grandes dispositions pour la ruine entière de l'idolâtrie.

Mais à peine en furent-ils sortis, que Fescennin Sisinne, préfet des Gaules, qui avait encore les mains toutes sanglantes du massacre de saint Denis et des autres martyrs de Paris, les fit saisir par ses gardes et paraître les mains liées en sa présence. Il les reprit sévèrement de l'entreprise qu'ils faisaient de renverser la religion des Romains, pour en introduire dans le monde une nouvelle. Il les traita de séditieux, de rebelles aux lois de l'État, d'impies, d'extravagants et de visionnaires. Il les menaça des plus rigoureux supplices, s'ils n'adoraient Mars et Mercure, qui étaient en grande vénération parmi les Gaulois. Les saints ne parurent étonnés ni de sa fureur ni de ses menaces; ils se défendirent avec autant de constance que de modestie, pro-

testant que leur juge avait été mal informé,
et de la religion qu'ils professaient, et de
leur conduite; qu'ils n'avaient eux-mêmes
jamais connu l'imposture, et que, bien
loin de séduire personne, leur unique but
était d'évangéliser les peuples, de les amener à la connaissance du vrai Dieu, créa-
teur et conservateur de toutes choses, le
seul qui possédât l'immortalité et méritât
les adorations et les hommages souverains
que l'aveuglement et l'impiété des hommes
faisaient rendre honteusement à des statues
mortes et à des esprits impurs.

Saint Nicaise surtout, en sa qualité
d'évêque, montra une fermeté sans exemple;
il répondit admirablement à tous les chefs
d'accusation que le préfet des Gaules avait
apportés, dans l'intention de le rendre
odieux aux peuples qui l'entouraient; et il
fit paraître avec ses compagnons une réso-
lution inébranlable, non-seulement de demeurer jusqu'à la mort dans le service de
Jésus-Christ, mais aussi d'annoncer partout
son Évangile, et de lui conquérir sans cesse
de nouveaux serviteurs.

Fescennin, aveuglé qu'il était par les

erreurs et les ténèbres du paganisme, ne put voir la vérité dans la défense des saints, ni se convaincre de leur innocence. Et comme il n'avait pas le temps de s'arrêter, il les condamna sur-le-champ à être battus de verges et à avoir la tête tranchée. La sentence fut aussitôt exécutée. Leur martyre eut lieu sur le bord de la petite rivière d'Epte, dans un village appelé Gagny, à une demi-lieue de la Roche-Guyon, le 11 octobre, peu de temps après le martyre de saint Denis.

Les corps des saints furent laissés sur la terre, selon l'ordre rigoureux qu'en avait donné le juge, afin qu'ils devinssent la proie des loups et des oiseaux. Mais comme la mort des saints est toujours précieuse aux yeux du Seigneur, Dieu prit soin de ces restes vénérables et les préserva contre la voracité de ces animaux. Il les confia à la garde de ses anges, et la nuit suivante, ayant forcé les païens qui avaient assisté à cette sanglante exécution de se retirer chez eux, les corps des saints se levèrent d'eux-mêmes, et, prenant chacun leur propre tête entre leurs mains, ils passèrent la rivière à un gué inconnu jusqu'alors, et que l'on a depuis appelé le gué de Saint-Nicaise ; ils allèrent ensuite se reposer dans une petite île, qui fait aujourd'hui partie du continent, parce qu'un bras de ce fleuve a changé de lit.

Ce prodige n'a rien de surprenant, puisque nous voyons que saint Denis l'Aréopagite ayant été décapité, son corps se leva de lui même, et, prenant sa tête entre ses mains, il la porta en triomphe jusqu'au lieu où est à présent la ville de son nom, à deux lieues de Paris.

Pience, ayant été avertie de leur martyre et du lieu où ils s'étaient miraculeusement transportés, s'y rendit au plus tôt avec Clair et une partie de ses domestiques ; puis, après leur avoir rendu les devoirs de la sépulture, elle fit bâtir un petit oratoire sur leur tombeau. Cette action, qui ne put demeurer secrète, fit connaître à son père, idolâtre cruel et obstiné, qu'elle était chrétienne. Il la fit saisir, et, par l'autorité que Fescennin lui donna, il la condamna d'abord à être déchirée à coups de fouet, et ensuite il la fit décapiter avec le même Clair, et d'autres chrétiens qui avaient eu part à sa conversion. Ses dépouilles sacrées, selon l'ordre qu'elle en avait donné, furent aussi portées à Gagny, pour être enterrées avec saint Nicaise et ses compagnons.

Plusieurs années se sont passées, dit le R. P. Giry dans sa *Vie des Saints,* sans qu'on ait touché à ces grands trésors; mais saint Ouen, chancelier de France, ayant été élevé pour ses mérites sur la chaire archiépiscopale de Rouen, fit bâtir un prieuré au lieu où ils avaient été inhumés. Ce terrain dépendait alors de l'abbaye de Saint-Pierre-et-Saint-Paul de Rouen, appelée depuis abbaye de Saint-Ouen. Et comme ce saint pontife désirait ardemment enrichir sa ville métropolitaine des reliques des premiers apôtres de la Neustrie, il se rendit au lieu de leur sépulture, prit une partie de leurs ossements sacrés qu'il transféra, tant dans la même église de Saint-Pierre-et-Saint-Paul, que dans une autre qu'il fit édifier sous le nom d'église de Saint-Nicaise, et qui aujourd'hui encore est une des paroisses de la ville. Il fit également présent à l'évêque de Lisieux, issu de la maison des seigneurs de la Roche-Guyon, de plusieurs ossements de sainte Pience, de sa ceinture et de quelques ouvrages de sa main. Ce bon évêque les mit dans la chapelle d'un château, nommé Saint-Cande-le-Vieux, qu'il avait à Rouen, et qui était, avant la Révolution, une paroisse considérable.

Quant à la partie principale des reliques de saint Nicaise et de ses compagnons, elle demeura paisiblement dans la petite chapelle de Gagny jusqu'en l'année 842, époque où les Danois, étant descendus en France par le canal de la Seine, firent d'horribles ravages et remplirent toute la contrée de frayeur et de consternation. Alors, on ne vit rien de plus commun dans les provinces voisines que le transport des reliques des saints. Dans la crainte qu'elles ne devinssent la possession des barbares, on se hâtait de les transférer en des lieux de sûreté; de sorte qu'un comte de Meulan, appelé Robert, qui était aussi seigneur de la Roche-Guyon et de Gagny, se saisit secrètement des restes sacrés de saint Nicaise, de saint Quirin et de saint Scubicule, les transféra à Meulan-sur-Seine, et les plaça dans l'église de l'Ile, dédiée sous le nom de Notre-Dame. Valéran, aussi comte de Meulan, y fit faire une église plus magnifique, qui, sans perdre le titre de la Vierge, y prit encore celui de Saint-Nicaise, à cause du grand nombre de miracles que Dieu opéra dans cette église par les mérites et l'intercession de ce saint. Cette église fut d'abord desservie par des chanoines; puis, le pape Pascal II, par une bulle en date de l'année 1104, donna cette église, ainsi que celle de Saint-Pierre de Pontoise et de Sainte-Honorine de Conflans, aux religieux de l'abbaye du Bec, pour être converties en monastères ou prieurés. Ces monastères subirent dans la suite des changements notables; ils eurent beaucoup à souffrir des guerres, des révolutions, et surtout de la négligence des prieurs et du relâchement des moines. L'église de la Vierge et de Saint-Nicaise est redevenue paroisse après les ravages de la révolution de 1789; et aujourd'hui encore, Meulan est le lieu où la fête du glorieux martyr est plus solennelle.

Voici, d'ailleurs, ce que M. le curé de Meulan écrivait, le 16 mars 1859, au R. P. Giry :

« Saint Nicaise, apôtre du Vexin français, n'est plus le patron de l'église paroissiale de Meulan ; le patron de notre église est saint Nicolas, évêque de Myre. Néanmoins, saint Nicaise est en grande vénération à Meulan. Nous possédons des reliques notables de ce saint, et quelques-unes de sainte Pience. La châsse qui renferme ces reliques est conservée dans l'église Saint-Nicolas ; elle est portée en procession par la ville, chaque année, le jour de l'Ascension, ainsi qu'un certain nombre d'autres châsses renfermant des reliques de différents saints.... La dévotion envers saint Nicaise attire à Meulan, chaque année, à la fête de l'Ascension, une foule considérable de personnes. »

Dans la suite des temps, les reliques de nos saints martyrs, qui étaient à Saint-Ouen de Rouen, furent transférées à Condé, au diocèse de Paris, où l'on bâtit encore une église en l'honneur de saint Nicaise ; mais plusieurs années après, il s'est fait une translation du bras de saint Nicaise, d'une grande partie du corps de saint Quirin et de quelques ossements de saint Scubicule, de Condé à Malmédy, ville au pays de Liége. On trouve même quelques auteurs qui disent que de Malmédy ils furent transportés en Lorraine, en un monastère appelé le Val-aux-Moines; et que de là ils ont été rapportés à Saint-Ouen de Rouen, où, dans le xvie siècle, les hérétiques calvinistes les profanèrent et les réduisirent en cendres; mais il est à peu près certain que cela ne se doit entendre que d'une partie, et que l'autre, surtout le corps de saint Quirin, est demeuré à Malmédy, où sa mémoire et sa fête sont fort célèbres.

J'ai dit, au commencement de cette histoire, pourquoi nous donnons à saint Nicaise le titre d'évêque de Rouen, bien qu'il n'ait jamais pénétré dans cette ville, ni converti personne de cette capitale de la Neustrie.

C'est assez, pour mériter cet honneur, qu'il ait été sacré par saint Clément ou par saint Denis, sous le titre d'évêque de Rouen. D'ailleurs, bien qu'il ne soit pas arrivé jusqu'à ce lieu, le terme de sa mission et le ressort de son apostolat, il n'a pas laissé de contribuer à la conversion de ses habitants, par la réputation de sa sainteté, de ses prédications et de ses miracles. C'en est assez pour que ce saint pontife ait droit à notre vénération et à notre amour. « Nous regardons saint Nicaise et ses compagnons comme nos patrons, dit le Rituel de Rouen, et leur mémoire doit nous être précieuse, puisque c'est par leur zèle que nos pères ont été appelés des ténèbres de l'infidélité à la lumière de la foi, et, par leur puissante médiation auprès du Seigneur, que la vraie religion nous a été transmise dans toute sa pureté. Conservons-en les dogmes sacrés, honorons-la par des mœurs innocentes, et méritons, par une vie sainte et chrétienne, de parvenir à la gloire dont ces grands saints jouissent dans le ciel. »

FIN.

Rouen. — Imp. MÉGARD et Cie, rue S.-Hilaire, 136.